mai 1865

4

notes curieuses

CATALOGUE

DE

TABLEAUX ANCIENS

DES ÉCOLES

Hollandaise, Flamande, Allemande, Italienne, Espagnole & Française

PARMI LESQUELS

LE BAPTÊME DE L'EUNUQUE

Par CLAUDE LORRAIN

ET DE

QUELQUES TABLEAUX MODERNES

DONT LA VENTE AUX ENCHÈRES PUBLIQUES

Par suite du décès de M. MEFFRE

AURA LIEU

HOTEL DROUOT

Grande Salle, nº 7

Le Lundi 1er Mai 1865

A DEUX HEURES.

Par le ministère de Mᵉ **CHARLES PILLET**, Commissaire-Priseur,
rue de Choiseul, 11,
Assisté de **M. FEBVRE**, Expert, rue Laffitte, 12,
CHEZ LESQUELS SE DISTRIBUE LE PRÉSENT CATALOGUE

EXPOSITIONS { PARTICULIÈRE : Le Samedi 29 Avril / PUBLIQUE : Le Dimanche 30 Avril } DE 1 HEURE A 5 HEURES

PARIS — 1865

CONDITIONS DE LA VENTE

Elle sera faite au comptant.

Les Acquéreurs paieront, en sus du prix d'adjudication, CINQ pour CENT, applicables aux frais de la vente.

DÉSIGNATION

DES

TABLEAUX

BERCHEM (NICOLAS)

1 — Le Repos du Pâtre.

Composition capitale de Berchem. Le pâtre gardant son troupeau s'est appuyé contre une vache jaune. Près de lui, son chien, deux bœufs et des moutons. A gauche, sont assises une vieille femme et une jeune femme tenant son enfant. Un peu plus loin, un âne chargé de paniers et une chèvre. En arrière, un cours d'eau, avec un pont à hautes arches. A ce second plan, beaucoup de figurines et d'animaux. Fond de collines boisées. Très-beau ciel argentin.

Signé en toutes lettres.

Toile. — H. 95 c. L. 120 c.

BOUCHER (Attribué à FRANÇOIS)

2 — Léda et une Nymphe.

Léda est assise demi-nue au bord de l'eau, la nymphe penchée vers elle. A gauche, le cygne sortant de l'eau.

Gravé.

Toile. — H. 110 c. L. 130 c.

BOURGUIGNON (JACQUES COURTOIS, dit le)

3 — Choc de Cavaliers, au milieu d'une mêlée terrible.

Vive et spirituelle peinture.

Bois. — H. 22 c. L. 35 c.

BOURGUIGNON

4 — Grande Bataille entre les Turcs et les Impériaux.

Composition très-importante, avec des figures innombrables. En avant, plusieurs groupes de chevaux et de cavaliers renversés. Fond de ville, avec des monuments; lointains montagneux.

Toile. — H. 187 c. L. 290 c.

BOURGUIGNON

5 — Autre Bataille, du même genre et de même dimension.

BOURGUIGNON

6 — Autre Bataille, analogue.

Ces trois belles peintures semblent appartenir à une même série.

BRAMER (Leonard)

7 — La Circoncision.

Intérieur du Temple. Le grand-prêtre est debout derrière l'autel sur lequel brûlent des parfums. Onze personnages.

Bois. — H. 65 c. L. 52 c.

BRONZINO (École d'Angiolo Allori, dit le)

8 — Portrait de Jeune Fille.

En buste. La main droite tient des gants; la main gauche, un livre. Toque noire; costume de soie blanche à raies.

Toile. — H. 46 c. L. 38 c.

CAPELLE (Jan van de)

9 — Marine.

Au premier plan, un trois mâts, quelques autres navires et des barques. Au fond, vue d'une ville sur une bande de terrains. Peinture très-fine.

Bois. — H. 37 c. L. 61 c.

CRANACH (Lucas Sunder, dit)

10 — Portrait d'un Jeune Prince saxon.

En buste, avec deux mains.

Signé, en haut, du petit dragon de Cranach, avec la date 1530.

Bois. — H. 69 c. L. 53 c.

CUYP (Albert)

11 — Des Poissons sur une table ; un vase en cuivre et un seau en bois. Arrivc un chat noir.

Signé en bas à droite, et daté 1645.

Bois. — H. 72 c. L. 60 c.

DENNER (Balthazar)

12 — Portrait de Louis Rodolphe, duc de Brunswich et Lunebourg.

A mi-corps, de face; perruque blanche, habit de velours rouge, cordon bleu en sautoir.

Au dos est écrit le nom du personnage, avec cette indication : *Denner fecit, Blanckenburg, 1730.*

Toile. — H. 81 c. L. 70 c.

DROLLING (Martin)

13 — Servante à la Fontaine.

Elle remplit d'eau un baquet pour laver des poissons déposés sur la vasque de la fontaine. Peinture fine et harmonieuse.

Toile. — H. 40 c. L. 28 c.

DYCK (Anton van)

4 — Portrait d'Homme, en buste, de grandeur naturelle.

La tête nue est tournée vers la droite. Cheveux bruns bouclés; pourpoint noir et manteau noir dont les plis sont soutenus par la main droite étalée contre la poitrine. Belle peinture très-expressive.

Toile. — H. 70 c. L. 57 c.

ÉCOLE ITALIENNE

15 — L'Assomption.

La Vierge, agenouillée sur des nuages et adorée par deux anges, monte vers le ciel où l'attendent le Père Éternel et le Christ, au milieu d'un chœur d'anges et de chérubins. Très-belle et très-curieuse peinture.

Albâtre. — H. 89 c. L. 63 c. Cintré en haut.

ÉCOLE ITALIENNE

16 — Portrait d'Homme, à longue barbe rousse.

Costume noir, buste court.

Bois. — H. 23 c. L. 21 c.

ÉCOLE ITALIENNE (fin du xv siècle)

17 — Saint Jérôme, en prière devant le crucifix.

A mi-corps, la tête entourée d'un nimbe d'or, les deux mains jointes. A gauche, contre la pierre d'une grotte, est accroché le chapeau rouge. A droite, vue sur la mer.

Bois. — H. 49 c. L. 38 c.

ÉCOLE VÉNITIENNE

18 — Fête à Pallas.

Sous le portique d'un temple, des prêtres reçoivent les offrandes à la statue de la déesse. Groupe de personnages debout sur la place publique. A gauche, dans un cirque entouré de spectateurs, combat d'un homme contre un sanglier.

Bois. — H. 20 c. L. 38 c.

ÉCOLE VÉNITIENNE

19 — Triomphe d'un Guerrier.

Le triomphateur est assis sur son char attelé de deux chevaux et suivi de guerriers portant des étendards et des armures. En avant, des licteurs portent une statue de la Victoire et des insignes de triomphe. Fond de paysage, avec les édifices d'une grande ville.

Pendant du précédent et mêmes dimensions.

ELLIGER (C.)

20 — Jeune Fille à une fenêtre, ornée de bas-reliefs et de colonnes cannelées.

Elle est vue de face, le visage souriant et le sein découvert. De la main droite elle tient une coupe, et de la main gauche, des fruits. Sur l'appui de la fenêtre, des huîtres, des raisins, des bouteilles clissées.

Signé en toutes lettres et daté 1714.

Toile. — H. 43 c. L. 35 c.

FAUVELET (Jean)

21 — La Lecture. Trois personnages.

Bois. — H. 30 c. L. 22 c.

GIORGION (GIORGIO BARBARELLI, dit le)

22 — Madone entre un Saint qui porte un calice et une Sainte qui porte un reliquaire.

L'Enfant est debout sur les genoux de sa mère. Peinture très-magistrale.

Bois. — H. 45 c. L. 58 c.

GREUZE (J.-B.)

23 — Buste de Jeune Fille tournée vers la droite.

Un ruban bleu dans ses cheveux blonds. Le cou nu. Corsage rosé et fichu gris. Fraîcheur de ton, expression naïve et charmante.

Toile. — H. 43 c. L. 34 c.

GREUZE

24 — Portrait de Jeune Garçon, à longs cheveux tombant en boucles sur les épaules.

Gilet jaune et veste grise. Fin et tendre de couleur. Buste de grandeur naturelle.

Toile. — H. 46 c. L. 40 c.

GUERCHIN (G. F. BARBIERI, dit le)

25 — Allégorie. Les quatres Ages de la vie.

Une jeune femme, au torse nu, soulève un filet sous lequel est couché un enfant nu; près d'elle, un vieillard avec les attributs du Temps, et la Virilité sous forme d'un guerrier armé. Figures de grandeur naturelle. Beau tableau de maître et digne d'un musée.

Toile. — H. 122 c. L. 165 c.

HELST (B. VAN DER)

26 — Femme accordant sa mandoline.

Elle est vue de face, le sein découvert; robe en soie bleue, grandes manches blanches. Devant elle, une basse sur un coussin de velours rouge, des cahiers de musique. A gauche, grand vase en marbre sculpté. A droite, fond de ciel. Figure de grandeur naturelle. Peinture claire et charmante, fine comme un Terburg.

Signé en toutes lettres et daté 1662.

Toile. — H. 137 c. L. 116 c.

HELST (B. VAN DER)

27 — Portrait de Vieille Femme, assise, les mains jointes, et tenant un livre.

Costume de soie noire, fraise tuyautée, cornette blanche et toque noire.

Signé en toutes lettres et daté 1657.

Toile. — H. 107 c. L. 89 c.

HOBBEMA (MEINDERT)

28 — Lizière de Forêt.

Quelques maisons éparses sous les arbres. La lumière frappe au milieu sur une route au bout de laquelle on aperçoit une plaine. Une dizaine de figurines, de la main de Hobbema lui-même, qui paraît avoir peint d'après nature ce site rustique, si largement éclairé.

Bois. — H. 75 c. L. 106 c.

HOBBEMA (École de)

29 — Le Bateau.

En avant d'un paysage avec de grands arbres, une pièce d'eau sur laquelle une petite barque avec quatre personnages.

Bois. — H. 34 c. L. 41 c.

HOOCH (Pieter de)

30 — Le Berceau.

Intérieur de ménage bourgeois. La jeune mère allaite son enfant et cause avec sa servante debout. Le mari est assis près de la cheminée, dans l'ombre transparente du second plan. A gauche, en avant, un chien boit dans un seau. A droite, par une porte ouverte, on aperçoit le quai. Quantité d'accessoires finement peints. Beau tableau du maître.

Signé sur le pan de la cheminée.

Toile. — H. 70 c. L. 81 c.

HUYSUM (Jean van)

31 — La Souris.

Près d'une grappe de groseilles et d'une grosse prune, une souris grignotte une noix. Groupe de fruits, raisins, pêches et abricots. En avant, une branche de capucines en fleur.

Signé sur la tablette.

Cuivre. — H. 53 c. L. 42 c.

HUYSUM (Jean van)

32 — Le Nid.

Sur une tablette en marbre, parmi des fleurs, un nid d'oiseau avec des œufs bleus. Bouquet de pavots dans un vase en terre cuite. En avant, une guirlande de volubilis. Papillons, mouches, insectes posés sur les fleurs.

Pendant du précédent. Même signature et mêmes dimensions.

KONINCK (Salomon)

33 — Le Joueur de Violon.

Figure à mi-corps, de grandeur naturelle. Il est assis, presque de profil, la tête retournée presque de face, avec une expression inspirée. Il porte une toque noire, à plume blanche. La main gauche, qui tient le violon, est superbement modelée. Fond gris clair, dans les tons de Rembrandt.

Bois. — H. 78 c. L. 59 c.

KONINCK (Salomon)

34 — **Portrait de Vieillard, à tête chauve.**

En buste, la tête de face. Costume brunâtre.

Bois. — H. 24 c. L. 18 c.

KEYSER (Theodor de)

35 — **Portrait de Jeune Femme.**

Debout, devant une console, elle prend une pêche sur un plateau d'argent. Sous sa robe noire, on aperçoit un jupon de soie gris argentin. A ses pieds, un épagneul.

Bois. — H. 71 c. L. 55 c.

KEYSER (Theodor de)

36 — **Portrait de Femme.**

En buste, cornette blanche, fraise plissée, costume noir.

Signé du monogramme et daté 1632.

Bois. — H. 32 c. L. 26 c. Octogone.

LEBRUN (Charles)

37 — **Portrait de Lebrun, peint par lui-même.**

Grandeur naturelle, debout, vu jusqu'aux genoux. Robe de chambre jaune foncé.

Ce portrait doit être à peu près de la même date que celui du Louvre, n° 78.

Toile. — H. 105 c. L. 79 c.

LELY (Peter van der Faes, dit le chevalier)

38 — **Portrait d'un Gentilhomme, debout.**

Il est tourné vers la gauche, la main droite sur la hanche, le coude gauche appuyé sur un socle en pierre. Riche costume en soie noire, avec crevés aux manches. Figure de grandeur naturelle, vue jusqu'aux genoux. Fond de paysage avec des lauriers; à droite, un buste d'empereur romain, lauré. Superbe peinture, qui rappelle van Dyck.

Toile. — H. 138 c. L. 106 c.

LELY

39 — **Portrait d'une Lady, debout.**

Le corps de profil vers la gauche, la tête retournée de trois quarts. Collier de perles, pélerine en guipures, robe de satin bleutée. Elle avance sa main gauche vers une couronne de lauriers, soutenue par un Amour monté sur un dauphin. Fond de rideau rouge et or; à droite, par une percée sur le paysage, on aperçoit un édifice surmonté d'un lion et d'un centaure en or.

Pendant du précédent.

Nous n'avons pas découvert quels sont ces personnages, de haute condition certainement, et peut-être de la famille royale d'Angleterre. L'allégorie des lauriers, de l'Amour et du dauphin, peut aider à authentiquer ces nobles peintures.

LORRAIN (Claude Gelée, dit le)

40 — **Le Baptême de l'Eunuque.**

Vue d'un golfe avec des fonds de montagnes bleutées. Délicieux paysage avec de grands arbres très-élégants; à gauche, un pont; au premier plan, la scène du baptême; un peu en arrière, le char à deux chevaux blancs. Effet de matin. Ciel exquis, clair et profond. Tableau de première importance.

Signé à droite en bas : CLAVDIO IVT ROMA, 1678.

Gravé dans le *Livre de vérité*.

Toile. — H. 89 c. L. 145 c.

LUCAS DE LEYDE (Luc Jacobsz, dit)

41 — Triptyque.

Dans le panneau central, le Christ en croix. A sa droite, la Vierge; à sa gauche, saint Jean. Au fond du paysage, la ville de Jérusalem. En avant, sur le terrain, deux têtes de mort et des ossements. Sur le volet à droite, la donatrice et les femmes de la famille sont agenouillées, sous la protection du patron saint George, tenant l'épée. Sur le volet à gauche, deux donateurs agenouillés, sous la protection du patron saint Jérôme. Aux deux angles inférieurs des volets sont les armoiries des deux familles.

Ce précieux triptyque, dans son cadre original, offre, sous le panneau central, une inscription en hollandais et en vieux caractères gothiques :

« En l'année 1513, mourut M. Jacob Ramb, étant bourgmestre de la ville de Nimègue. Priez Dieu pour son âme. En l'année 1526, mourut aussi (Johsten ?), femme de M. Jacob Ramb.

Bois. — H. 96 c. L. du panneau central 66 c. L. de chaque volet 27 c.

LUCAS DE LEYDE

42 — Les Musiciens.

Vieil homme et vieille femme assis; l'homme accordant sa mandoline, la femme jouant du violon. Exécution extrêmement fine. Gravé par le maître.

Bois. — H. 14 c. L. 10 c.

LUCAS DE LEYDE

43 — L'Opérateur.

Un docteur en costume rouge et bonnet rouge, assis dans sa chaire en bois, opère un paysan, assis par terre devant lui.

Pendant du précédent.

MAES (Nicolas)

44 — La Cinquantaine.

C'est le titre sous lequel ce tableau était connu en Hollande.

Une jeune femme apporte en présent une coupe dorée aux époux, assis près d'une table couverte d'un riche tapis. Sept personnages. Figures de grandeur naturelle. Peinture savante et magistrale.

Signé des initiales.

Bois. — H. 120 c. L. 164 c.

METSU (Gabriel)

45 — La Marchande de Gâteaux.

La vieille marchande de *koeken*, comme on dit en Hollande, réchauffe ses mains à sa chaufferette en terre, posée sur son giron. Devant elle cuisent ses gâteaux. On aperçoit la ville, au second plan, des maisons et quelques arbres.

Signé et daté.

Bois. — H. 35 c. L. 28 c.

MONFALLET (Adolphe-François)

46 — Partie de Cartes.

Intérieur élégant avec huit figures.

Bois. — H. 30 c. L. 40 c.

MOOR (Carel de)

47 — Le Fumeur.

Il tient de la main droite sa pipe. Bonnet fourré, manches brunâtres.

Toile. — H. 19 c. L. 14 c.

MORONI (J.-B.)

48 — Portrait de Jeune Garçon.

En buste, de grandeur naturelle. Cheveux noirs, courts; collerette blanche, pourpoint noir, manches à raies noires et jaunes. Fond gris uni.

Toile. — H. 47. L. 39 c.

NEER (Aart van der)

49 — Clair de Lune.

Un fleuve bordé de maisons et de grands arbres. En avant, des arbres dépouillés et des joncs. Plusieurs figurines au bord du fleuve. La lune va se lever au milieu du paysage. Très-fine qualité.

Signé du monogramme.

Bois. — H. 27 c. L. 37 c.

NETSCHER (Constantin)

50 — Portrait de Jeune Homme.

Il est assis, la tête de face, le coude droit appuyé sur son fauteuil, près d'une table. Il porte une robe de chambre jaune, qui laisse voir en dessous un gilet de satin. A droite, pan de rideau à dessins d'or.

Signé et daté 1677.

Toile. — H. 50 c. L. 40 c.

OSTADE (Adrien van)

51 — Intérieur d'Estaminet.

Quatre hommes buvant et fumant autour d'une table. Un d'eux prend le bras de la servante debout. A gauche, contre la cheminée, une femme allaite son enfant.

Signé en bas à gauche.

Bois. — H. 42 c. L. 32 c.

OSTADE (A. VAN)

52 — **Le Buveur.**

Figure à mi-corps. Il tient des deux mains un pot dans lequel il va boire. Fond uni et clair.

Signé en toutes lettres et daté 1645.

Bois. — H. 21 c. L. 18 c.

POTTER (PAULUS)

53 — **Le Cheval pie.**

C'est le même cheval que dans le nouveau tableau (non encore catalogué) du Louvre. Il est tourné à droite, de profil, en avant d'un massif d'arbres. A droite, arrive un cheval alezan. En avant, un ânon couché. Ciel sombre. Effet d'orage.

Signé en toutes lettres.

Bois. — H. 39 c. L. 31 c.

RAOUX (JEAN)

54 — **Portrait de Jeune Femme, tenant à la main une lettre.**

Costume noir, barriolé de rouge. Une plume bleue dans la coiffure

Toile. — H. 89 c. L. 78 c.

REMBRANDT (Attribué à)

55 — **Portrait de Femme.**

En buste, de grandeur naturelle. Les cheveux crêpés tombent des deux côtés du visage. Guimpe et costume noir, avec des nœuds de ruban rouge.

En haut, à gauche, sur le fond, on lit : ANNO 1637. J. EN JAN RYN. Que signifie cette inscription, parfaitement authentique et en pleine pâte? Y aurait-il un Jan Ryn (ou van Ryn), compatriote, de Rembrandt ?

Bois. — H. 70 c. L. 50 c.

RUYSDAEL (Jacob van)

56 — Cascade.

Site norwégien. L'eau mousse sur des rochers et des troncs d'arbres. A gauche, quelques figurines sur un coteau boisé. A droite, derrière une enfilade de rocs, une esplanade avec une chaumière. Belle et poétique peinture.

Signé.

Toile. — H. 96 c. L. 108 c.

SASSO FERRATO (Salvi da)

57 — La Vierge apparaissant sur les nuages.

Elle tient le petit Jésus en robe rouge, et dans sa main droite un globe. Au-dessus de sa tête plane la colombe. A droite et à gauche, têtes de chérubins parmi les nuages.

Cuivre. — H. 62 c. L. 50 c.

SASSO FERRATO

57 *bis* — Le Sommeil de Jésus.

La Vierge, vêtue d'une robe rouge et portant un manteau bleu avec voile gris sur la tête, tient dans ses bras l'Enfant Jésus, qui dort profondément; près d'elle, est saint Joseph, vu de face, la tête légèrement inclinée, le visage calme et noble, les deux mains appuyées sur un bâton.

Ces saints personnages sont représentés à mi-jambes et tiers de nature.

Dans cette œuvre, Sasso Ferrato s'est élevé à la hauteur des grands maîtres italiens, ses devanciers, qu'il prenait ordinairement pour modèles.

SCHALCKEN (Godfried)

58 — La Séduction.

A la lumière d'une chandelle, une vieille bohémienne offre une pièce d'or à une jeune innocente. Six personnages. Charmante composition, délicatement peinte.

Signé en toutes lettres.

Toile. — H. 40 c. L. 49 c.

SCHALCKEN (Godfried)

59 — Le Joueur de Violon.

Vu jusqu'au genoux, il est assis près d'une table sur laquelle brûle une chandelle. Il porte une toque rosâtre. Figure gaie et spirituelle.

Signé en toutes lettres, au bas à droite.

Toile. — H. 42 c. L. 30 c.

SCHALCHEN (Godfried)

60 — Jeune Fille à sa toilette.

Assise devant un miroir ovale à bordure sculptée, posé sur une table à tapis de velours vert. La tête de profil, le sein demi-nu. Jupon de satin blanc, draperie jaune safran. D'une main elle tient un peigne et de l'autre main une boucle de ses cheveux. Délicate peinture, pleine de charme.

Toile. — H. 45 c. L. 38 c.

SCHIDONE (Bartolomeo)

61 — La Vierge et l'Enfant.

Elle est assise, drapée de rouge et de bleu. L'Enfant nu tient dans sa main droite une fleur. Très-belle peinture, d'une vigueur de tont extraordinaire.

Bois. — H. 30 c. L. 25 c.

SORGH (H.-M. Rokes, dit)

62 — Intérieur de Cuisine.

Sur une échelle est pendu un cochon ouvert. A droite, un pot sur un tonneau, et, en avant, par terre, des légumes. Au second plan, dans la pénombre, la cuisinière debout. Première qualité du maître.

Bois. — H. 57 c. L. 42 c.

SPER.... (École Italienne)

63 — **Madone adorée par saint Jean et sainte Catherine.**

Elle est assise, tenant sur ses genoux le petit Jésus. Le saint, torse nu, présente une banderole; à droite, la sainte tenant la main droite contre sa poitrine. Les têtes sont nimbées. Grand caractère. Couleur énergique.

Bois. — H. 45 c. L. 58 c.

STAVEREN (Adrien van)

64 — **Ermite lisant.**

Il est assis dans une grotte, tenant sur ses genoux un large livre ouvert. Longue barbe blanche et froc brun.

Bois. — H. 28 c. L. 23 c.

STEEN (Jan)

65 — **Jeune Femme jouant de la mandoline.**

Elle est assise de trois quarts à gauche, et vue à mi-jambe. Caraco vert, bordé d'hermine, capeline noire, jupon rouge et tablier blanc. A gauche, sur une table couverte d'un tapis oriental, un cahier de musique. Fond neutre. N'est-ce point le portrait de la femme de Jan Steen? Très-fin de physionomie.

Bois. — H. 37 c. L. 29 c.

STELLA (Jacques)

66 — **Repos de la Sainte Famille.**

La Vierge assise tient sur ses genoux l'Enfant Jésus. Saint Joseph agenouillé présente le petit saint Jean. Fond de paysage.

Bois. — H. 34 c. L. 48 c.

TENIERS (David), le fils

67 — La Promenade.

Tableau capital, d'une couleur argentine. Le site rappelle celui du grand tableau du Louvre, n° 516. Téniers lui-meme, sa femme et un page, descendent d'un château construit sur une éminence et ils parlent à un vieux jardinier. Coucher de soleil, par un temps orageux.

Descamps, t. II, p. 168, cite ce tableau comme étant à son époque chez M. Dubois, de Gand. C'est en effet de la collection des héritiers de M. Dubois que provient cette belle peinture, qui devrait orner un musée.

Signé.

Toile. — H. 161 c. L. 225 c.

TENIERS (David), le fils

68 — Les Bohémiens.

Au bord d'un torrent, dans un site montagneux, sont arrêtées des Bohémiennes; une d'elle dit la bonne aventure à un gentilhomme.

Signé du monogramme, un petit T dans un grand D.

Provenant de la même collection que le précédent.

Toile. — H. 112 c. L. 161 c.

TENIERS (David), le père

69 — Intérieur d'Estaminet.

Groupe de cinq hommes occupés à boire et à fumer, près d'une cheminée. A gauche, un fumeur seul, accoudé sur une table. A droite, dans une seconde pièce, autre groupe de buveurs. Quantité d'accessoires, des bariques, des pots, etc.

Signé.

Toile. — H. 53 c. L. 75 c.

TERBURG (Gerard)

70 — **Portrait de Jeune Homme.**

Debout, presque de face; chapeau noir à larges bords, collerette rabattue, garnie de guipure dentelée. Costume tout noir. Le bras droit est replié derrière le dos. La main gauche gantée tient le gant de l'autre main. Fond gris perle, uni et clair. De l'exécution la plus fine de Terburg.

Cuivre. — H. 51 c. L. 38 c.

TERBURG (Gerard)

71 — **Portrait de Jeune Femme.**

Debout, tournée vers la gauche. Large fraise empesée, cornette blanche sur la tête, costume noir. La main gauche pend le long de la robe, la main droite tient les gants. Fond gris neutre.

Pendant du précédent.

TERBURG (Gerard)

72 — **Portrait d'Homme.**

Assis devant son bureau, la main gauche posée sur un livre ouvert. Au fond, des livres sur des étagères, et contre le mur une carte et une mandoline.

Signé du monogramme.

Cuivre. — H. 41 c. L. 29 c.

TERBURG (Gerard)

73 — **Portrait de Femme.**

En buste. Cheveux blonds, collier de perles, corsage noir.

Cuivre. — H. 15 c. L. 11 c.

TINTORET (J. ROBUSTI, dit le)

74 — Portrait d'Homme.

Debout, la main gauche sur la garde de son épée, la main droite sur une table couverte d'un tapis rouge à franges d'or. Large fraise dentelée, pourpoint noir, manches de couleur bronzine. Par l'ouverture d'une fenêtre, on découvre un paysage largement brossé. Vigoureuse peinture, d'un grand caractère.

Toile. — H. 200 c. L. 137 c.

VELDE (ADRIEN VAN DE)

75 — Le Muletier.

Il est arrêté devant la porte d'une hôtellerie. Derrière lui, son mulet caparaçonné, une vache, une chèvre et des moutons. Un berger et deux paysans arrivent avec le reste du troupeau. Composition très-riche et peinture de belle qualité.

Signé en toutes lettres et daté 1659.

Toile. — H. 51 c. L. 65 c.

VERSCHURING (HENDRIK)

76 — Marché en Orient.

Près de la porte d'une grande ville, dont on aperçoit les édifices dans le lointain, quantité de figurines; des marins, des soldats, des hommes montés sur des chameaux, des chevaux et des mulets chargés. Au premier plan, à droite, des ruines et des fragments de sculpture. Au loin, la mer.

Signé A. Verschuring et daté 1661.

Toile. — H. 73 c. L. 67 c.

VICTOR (JAN)

77 — La Pêche.

Sur un canal, en avant d'un grand édifice précédé d'un pont, une barquette de pêcheurs, avec six figures. A gauche, une barque mâtée, et, sur le quai, au second plan, figurines nombreuses. Des arbres se dessinent sur le ciel. Tableau capital et d'une exécution très-magistrale.

Toile. — H. 144 c. L. 184 c.

VILLAIN (E.)

78 — Un Déjeuner.

Un plat d'huitres, un pâté, bouteilles, verres, timballe, couteau, etc.

Toile. — H. 65 c. L. 54 c.

VILLAIN (E.)

79 — Groupe de Fruits.

Pêches, raisins, grenades.

Pendant du précédent.

VILLAIN (E.)

80 — Groupe de Fruits.

Sur une console, couverte d'un linge blanc, des fruits, une bouteille, un verre, un vase en argent. Peinture large et brillante.

Toile. — H. 72 c. L. 91 c.

WOUWERMAN (Philips)

81 — Halte à la porte d'une Hôtellerie.

D'une grande voiture attelée de deux chevaux sort une dame soutenue par un homme, qui a déposé par terre son manteau et son chapeau à plumes. Un gentilhomme, en costume rouge, fait boire son cheval blanc. A gauche, sont groupés un jeune homme debout, une femme qui allaite son enfant, un voyageur assis près de l'hôtellerie. Au milieu du tableau, se dresse un arbre élégant. A droite, une rivière et une percée de paysage lumineux. Extrêmement fin, riche et charmant. Première qualité.

Signé du monogramme, en bas, à droite.

Bois. — H. 51 c. L. 46 c.

WOUWERMAN (Philips)

82 — Kermesse de Village.

Très-riche composition, avec quantité de groupes spirituels, entre autr s celui des saltimbanques et celui des spectateurs qui les admirent : il y a le preneur de rats, un paysan à cheval avec son enfant en croupe, un seigneur, sa dame et leur page. Au milieu du second plan, un pont conduit au village.

Signé du monogramme.

Bois. — H. 47 c. L. 65 c.

ZEEMAN (Renier)

83 — Marine.

En avant, plusieurs barques. Ciel gris.

Bois. — H. 15 c. L. 19 c.

ZURBARAN

84 — Moine en extase.

Il est agenouillé, la tête levée vers le ciel, les deux bras écartés en adoration; large froc blanc. Figure de grandeur naturelle. En avant, une tête de mort sur un livre. Fond de paysage sombre, où l'on aperçoit le couvent avec des figurines de moines.

Toile. — H. 150 c. L. 115 c.

Renou et Maulde, imprimeurs de la Compagnie des Commissaires-Priseurs,
rue de Rivoli, 144. 40907

www.ingramcontent.com/pod-product-compliance
Ingram Content Group UK Ltd.
Pitfield, Milton Keynes, MK11 3LW, UK
UKHW021927190726
13853UKWH00002B/904